NOTICE

BIOGRAPHIQUE ET NÉCROLOGIQUE

SUR LE

Comte Maximillien-Joseph CACCIA

PAR

VOLCY BOZE

MARSEILLE
TYPOGRAPHIE SAINT-FERRÉOL (BERNASCON)
Rue Saint-Ferréol, 27

1876

NOTICE

SUR LE

COMTE MAXIMILLIEN-JOSEPH CACCIA

NOTICE

BIOGRAPHIQUE ET NÉCROLOGIQUE

SUR LE

Comte Maximillien-Joseph CACCIA

PAR

VOLCY BOZE

MARSEILLE

TYPOGRAPHIE SAINT-FERRÉOL (BERNASCON)
Rue Saint-Ferréol, 27.

1876

Marseille, le 23 Février 1876.

Madame la Comtesse Jeanne CACCIA
à *MARSEILLE*

Madame,

Ces pages, échappées de mon cœur, doivent être considérées par vous comme une preuve irréfragable de l'attachement vrai, sincère et profond que j'avais pour votre cher et regretté enfant.

Acceptez-les donc, je vous prie, comme témoignage de mon estime personnelle, et daignez agréer, Madame, l'assurance de ma considération la plus distinguée.

VOLCY BOZE

NOTICE

SUR LE

COMTE MAXIMILLIEN-JOSEPH CACCIA

Dans le courant de l'année 1871, nous eûmes la bonne fortune, lors d'une visite que nous fîmes à M. Fernand Giraudeau, cours Bonaparte, d'être présenté par cet ami au jeune comte Maximilien-Joseph Caccia.

Cette entrevue eut cela de particulier, qu'une sympathie aussi vive que spontanée s'établit entre nous deux. Et nous pouvons même avouer que depuis cet instant jusqu'au dénouement fatal nous ne nous sommes jamais perdus de vue.

Le grand-père de notre ami, d'origine italienne, occupait à Paris, sous le règne de Louis-Philippe, une grande situation financière. Il était banquier de la cour Pontificale et Régent de la Banque de France. Il mourut dans le courant de l'année 1834.

Lorsque le ridicule fantoche de Caprera, à la tête

de ses chemises rouges, eut chassé le vénérable Pie IX du trône de St-Pierre et que survint, en France, la révolution du 24 février 1848, le père de Joseph en ressentit les tristes contre-coups. Sa maison de banque sombra dans ce grand désastre politique. M. le comte Caccia crut alors de sa dignité de quitter un pays qui ne lui offrait que d'amers regrets.

C'est le 6 janvier 1842, à Paris, que naquit celui pour lequel nous écrivons ces pages et avec lequel nous nous étions lié d'une affection si étroite.

Madame la comtesse Jeanne Caccia, sa mère, une sainte femme, aussi pieuse qu'érudite, s'occupa de l'éducation du jeune Joseph, et elle fut pour son fils la meilleure des institutrices, en attendant qu'elle devînt la meilleure des amies. Joseph se montra très-rapidement le plus docile, le plus encourageant et le plus aimable des disciples. « La mère l'instruisit d'abord comme son fils, puis elle l'aima comme son compagnon, et enfin elle l'écouta comme son guide : semblable à une sœur ainée qui apprend à marcher à un très-jeune frère, qui le précède au commencement, marche ensuite à côté de lui, et bientôt a de la peine à le suivre, mais le surveille encore et l'avertit de loin avec tendresse. »

Joseph Caccia conserva toute sa vie le souvenir de cette intimité charmante. Il aimait à rapporter à la douce et sérieuse intimité de sa mère tout ce qu'il avait en lui de sentiments généreux et de pensées élevées.

Un tel guide ne pouvait porter que d'heureux fruits dans le cœur et l'esprit du jeune Caccia ; aussi, ses années scolaires se comptèrent par de nombreux succès. En raison de cette érudition bien dirigée et dont il fit plus tard un si noble usage, Maximilien-Joseph obtint le titre d'officier d'académie à l'époque où il travaillait au Ministère de l'Intérieur sous les ordres de son chef et ami Monsieur Fernand Giraudeau.

Le jeune comte Caccia avait le type du parfait gentilhomme, alliant la noble courtoisie à la plus exquise urbanité. Grand, beau, bien fait, de manières distinguées, bon, affable, plein d'une gracieuse aménité, d'une générosité à toute épreuve, il avait su, à Paris aussi bien qu'à Marseille, s'attirer vite des sympathies et des amitiés solides. Bien que peu favorisé des dons de la fortune, sa main s'ouvrait généreusement pour quiconque s'adressait à lui. Jamais cet excellent cœur n'a su opposer le moindre refus à une demande d'argent ou à rendre un service personnel. Toujours prêt à être utile, sa bonté inépuisable doublait ses forces lorsqu'il s'agissait d'obliger un coreligionnaire politique.

Parlerai-je de son profond dévouement à la grande et noble cause que nous défendons avec tant de courage, d'énergie et de dévouement depuis l'ignoble guet-apens du 4 septembre 1870 ? Ferai-je connaître l'attachement inaltérable qu'il témoignait à cette illustre et grande famille des Bonapartes, alors accablée par tant de malheurs et abreuvée par tant d'ignominies ? Dirai-je toutes les douleurs que ressentit sa belle âme à la nouvelle du désastre de Sédan, de la chute de l'Empire, de la captivité de l'Empereur, de l'exil de notre Auguste Souveraine et de son digne fils le Prince Impérial ? Raconterai-je toutes les larmes qu'il versa lors de la mort de Celui qui donna à la France vingt années d'une grandeur et d'une prospérité jusqu'alors inconnues ?

A quoi bon irai-je énumérer ces faits aussi navrants que douloureux ? Nul n'ignorait à Marseille et à Paris, que Caccia était un de ces bonapartistes aussi sincères que convaincus.

Pour notre grand, honnête et loyal parti, nous savons tous, que lors du coup de main entrepris par les onze avocats-députés de Paris, aidés dans leur forfait par le traître Jules Trochu, notre ami Caccia, trouvant indigne de lui de servir un gouvernement de coquins, envoya spontanément sa démission pour suivre dans la retraite ses chefs hiérarchiques Messieurs Giraudeau et Valfrey.

Peu après, il quitta Paris en compagnie de M. Giraudeau, et tous deux vinrent se fixer à Marseille.

Sous la Présidence de M. Thiers, lorsque les affaires politiques semblèrent prendre une tournure plus pacifique, de hautes amitiés, désireuses de faire reprendre à Caccia ses anciennes fonctions au

Ministère de l'Intérieur, s'occupèrent chaudement de cette réintégration ; mais l'homme de cœur fit cette noble réponse pleine d'une haute fierté !.. « Mes amis, je vous remercie. Je suis tombé avec l'Empire, je ne reviendrai qu'avec l'Empire. » Cette confiance dans l'avenir aurait dû avoir sa récompense ; mais, hélas ! Dieu, qui dispose de tout ici-bas, en avait jugé autrement.

Héritier d'un grand nom universellement aimé, honoré et respecté dans l'ancienne province du Piémont, Joseph Caccia conservait avec scrupule les traditions de loyauté, de désintéressement et de générosité, qualités qui ont si peu cours au temps de scepticisme où nous vivons, mais qui formait l'antique apanage de sa famille.

Ces sentiments étaient chez notre jeune ami si enracinés, si vivaces, que malgré des droits établis, incontestés et incontestables, il recula sans cesse devant la plus légitime des réclamations vis-à-vis du gouvernement Italien, demeuré en possession d'un important bénéfice ecclésiastique dont l'extinction du titulaire autorisait naturellement le retour aux donateurs.

Mais ceux qui, comme Joseph Caccia, possèdent hautement la noblesse des sentiments qui consistent dans ce vieil adage « *chose donnée ne se reprend pas* », comprendront aisément les scrupules de notre ami. Ainsi pensait, disait et faisait ce gentilhomme d'élite ; et il a préféré la vie modeste et presque la vie en silence, au bruit qu'il lui aurait fallu faire autour de son nom et de la mémoire respectée et vénérée de son ancêtre. L'argent, à ce prix, lui coûtait trop. Il aima mieux respecter une volonté, sacrée pour lui, et accepter résolument, courageusement les privations sans nombre qu'il s'imposait chaque jour depuis l'acte infâme du 4 septembre.

Honneur donc à ce cœur vaillant qui a poussé l'abnégation jusqu'à la souffrance morale, et nous faisons des vœux sincères pour que le gouvernement Italien revienne dans un jour prochain, apporter un peu d'aisance et de bien-être à la noble et sainte mère de cet excellent ami que nous pleurons et que nous regrettons.

C'est vers 1872 que Caccia, aidé par les recommandations de Messieurs Rouher, Bournat, notre ancien député et Giraudeau, entra dans une de nos grandes compagnies maritimes en qualité de chef de bureau des imprimés. C'est à cette même époque que l'*Union Méridionale*, journal bonapartiste de Toulouse, fit paraître notre travail sur *Les Conventionnels en mission dans le Midi de la France* et que nous dédiames à Caccia. Plus tard, ces feuilles éparses furent réunies en un volume. Nous sommes heureux de pouvoir transcrire sur cette courte notice biographique la dédicace qui se trouve en **tête de notre ouvrage.**

Marseille, le 15 Août 1872

« Cher Caccia,

« Je vous dédie ce travail.

« En vous l'offrant, je reste sincèrement convaincu que votre amitié pour moi sera un sûr garant de l'indulgence à laquelle a le droit de prétendre une plume aussi peu exercée que la mienne, et qui, tremblante, affronte pour la première fois le grand jour de la publicité.

« Le but que je me propose, en écrivant ces pages, est le développement d'une pensée que je crois utile et sérieuse.

« Puisse-t-il être atteint.

« J'ai voulu mettre sous les yeux des personnes qui daigneront me lire, des documents puisés à des sources dignes de foi. J'ai cherché autant que possible à faire comprendre qu'une nation aussi chevaleresque, aussi loyale et aussi honnête que la nôtre a tort de se précipiter tête baissée, à chaque révolution qu'elle fait, dans une forme de gouvernement dont le nom seul épouvante, et dont le fond est une utopie insensée « qui tourne au sang et à l'imbécillité. »

« Il y a un proverbe français qui dit :

« *Expérience passe science.* »

« Je me permets de ne pas être de cet avis.

« La grande Révolution de 1789, après avoir bouleversé de fond en comble notre société, nous a conduits fatalement à 1792 et précipités dans l'abîme de 1793.

« Ces innombrables forfaits d'alors nous ont-ils servi d'exemples en 1848 et 1871 ?

« Nullement !

« Février 1848 ne nous a-t-il pas valu le 13 Mai et les sanglantes journées de Juin de la même année ?

« Après l'ignoble trahison du 4 Septembre 1870, Paris, quoique investi par les armées allemandes, n'a-t-il pas eu son 31 Octobre, le fatal précurseur du 18 Mars 1871 qui fut la conséquence inévitable d'une des guerres civiles les plus effroyables, les plus abominables dont la grande Cité ait été le témoin ?

« Marseille, elle-même, n'a-t-elle pas eu son mois de Juin 1848 et son 4 Avril 1871, inévitables contre-coups des révolutions démagogiques de Paris ?

« L'expérience nous a-t-elle servi à quelque chose ?

« Mais alors, me demanderez-vous, pourquoi entreprendre un pareil ouvrage, puisque vous savez d'avance qu'il sera aussitôt oublié que lu ?

« A cette question, mon cher ami, je vous répondrai que vous avez quelque peu raison. Comme vous, je n'ignore pas que je vais sciemment prêcher dans le désert. Et cependant, vous l'avouerai-je, je ne puis rester indifférent à tout ce qui de près ou de loin touche au sort de notre patrie.

« Homme d'ordre, je tiens à apporter quand même

ma pierre à la base de l'édifice social qui semble crouler de toutes parts.

« Je tiens à faire comprendre au peuple français, à ce peuple bon et généreux, mais trop souvent versatile, qu'il est toujours trompé par des intrigants et qu'il est constamment la dupe des ambitieux de bas étage.

« Je tiens à lui faire comprendre que ce n'est pas avec des phrases redondantes qu'on le gouverne et qu'on possède le moyen de lui procurer ce bien-être qu'on lui promet et qui n'est toujours qu'un véritable leurre.

« Je tiens à lui montrer que dans toutes nos révolutions il sert de marche-pied aux bavards et aux déclassés qui, à l'imitation de Jérôme Paturot, sont en quête d'une position sociale.

« Je tiens, enfin, à lui prouver qu'il n'a rien à gagner depuis 1789, et que toutes les fois qu'il se donnera une république quelconque il y rencontrera forcément les atrocités commises en 1793, 1848 et 1871.

« Et une fois ceci bien démontré, il comparera la devise menteuse de *Liberté, Égalité, Fraternité*, avec ces deux mots : *Honneur et Patrie* que l'Empire a gravés dans le cœur des Français.

« Si je parle de l'Empire, si je soutiens cette cause et ce principe, c'est que je ne vois pas d'autre gouvernement qui convienne mieux que lui aux mœurs et à l'esprit du peuple Français, et qui, surtout, soit plus compatible avec le suffrage universel.

« Que la nation mette en parallèle 1792-1800, 1893-1804 ; 1848-1851 ; 1870-1852, elle sera bon gré mal gré forcée de s'incliner devant les dates impériales.

« Que ces souvenirs lui donnent donc à réfléchir ! qu'elle commente surtout ces dates ! si elle me donne raison je me considérerai comme un homme qui, par sa faible plume, aura rendu quelques services à ses concitoyens égarés.

« Et Dieu, qui protége la France, fera le reste.

« Veuillez agréer, mon cher ami, l'assurance de mes sentiments les plus affectueux.

« Volcy Boze »

Quelques jours après l'envoi de ce livre à notre jeune ami, nous reçumes la réponse suivante qui pour nous est non seulement un titre bien précieux, mais encore un document des plus flatteurs, puisqu'elle émane de la plume d'une femme distinguée par le cœur, d'une mère digne à tous égards de notre respect et de notre estime.

Marseille, le 14 Juin 1873.

« Monsieur,

« Permettez à mon cœur de vous exprimer toute sa sincère reconnaissance pour avoir bien voulu faire l'honneur à mon fils de lui dédier le si intéressant ouvrage que vous avez fait et qui vient de paraître. Oh ! combien mon fils est touché *vraiment* et *sincèrement* de lui avoir accordé votre *première précieuse pensée !* il en est très-honoré et heureux. Vous savez qu'on ne doit jamais séparer le fils de sa mère, aussi je n'ai pas besoin de vous exprimer, Monsieur, que moi aussi je suis très-honorée et heureuse du bonheur de mon fils qu'il doit à vous.

« Veuillez en recevoir toutes nos plus grandes actions de grâces.

« Les quelques lignes que j'ai lues de votre si précieux ouvrage (mon fils s'en étant emparé de suite), démontrent toute la noblesse, la droiture, le courage de votre belle âme. Monsieur, permettez que je n'en dise pas davantage ici.

« J'espère un jour pouvoir de vive voix vous assurer mes sentiments relativement à l'esprit remarquable de votre politique si sage.

« Dernièrement au bureau de mon fils, j'ai eu le plaisir de vous y rencontrer. Je crois que vous ne m'avez pas reconnue, mais cela n'empêche pas que j'ai entendu avec beaucoup d'intérêt votre conversation si sérieuse et si intéressante.

« Veuillez, Monsieur, agréer de mon fils et de moi nos sentiments très-respectueux.

« Comtesse JEANNE CACCIA. »

Nous répondîmes immédiatement :

« Madame.

« Je ne puis laisser sans réponse la lettre si flatteuse que votre cœur de mère a cru devoir m'adresser, au sujet de ma dernière étude politique sur les terribles proconsuls qui, pendant une période de quatorze mois, portèrent la terreur dans toute la France.

« Vous me remerciez, Madame, sur la bonne pensée que j'ai eue de dédier ce travail au comte Maximilien-Joseph Caccia, votre fils.

« C'est avec une intention bien marquée que j'ai agi.

« J'avais depuis longtemps reconnu Monsieur votre fils comme étant le plus digne entre les rares amis qui avaient su conserver religieusement le culte et le souvenir du passé.

« Après avoir assisté personnellement à l'effroyable chute de l'Empire, après avoir pleuré amèrement sur le sort de tous les êtres qui m'étaient chers et que l'ignoble tourmente du 4 Septembre 1870 avait dispersés loin de ma présence, mon cœur a saigné à la vue tant de défections, de tant d'hypocrisies, de tant d'ignominies, de tant d'infâmies et enfin de tant de scandaleuses apostasies. J'ai été, croyez-le bien, Madame, profondément, oui, je vous l'assure, j'ai été grandement heureux de rencontrer en votre excellent fils les mêmes sentiments chevaleresques et généreux, le même dévouement et la même abnégation que contenait mon âme depuis la douloureuse catastrophe de Sédan.

« Il était donc tout natnrel, Madame, que je me souvinsse de celui qui fait la joie et l'orgueil de votre cœur de mère et que je suis fier, moi, de compter au nombre de mes meilleurs amis.

« C'est en raison de tous ces titres que j'ai dédié à votre fils mon premier ouvrage politique rappelant l'Empire, le grand Empereur, sa noble et vertueuse veuve et son digne héritier. Il était donc juste que le nom si honorable du comte Maximilien-Joseph Caccia se trouvât mêlé à celui si français et si patriotique de Bonaparte.

« Merci donc encore, Madame, pour vos bonnes et affectueuses paroles. Croyez qu'elles me seront toujours précieuses à plus d'un titre, et que votre lettre est déjà placée au milieu de celles de mes meilleurs amis.

« Veuillez, Madame, avec mon estime personnelle, agréer l'assurance de ma considération la plus distinguée.

« VOLCY BOZE. »

En 1873, Caccia publia un opuscule sous le titre de : *Les Journaux* :

Ce travail portait à notre adresse la dédicace suivante :

« Mon cher Boze.

« A vous cette petite étude historique. Acceptez-la comme je vous l'offre ; c'est-à-dire de grand cœur.

« Votre affectionné.

« Comte J. Caccia. »

Marseille, 5 Juillet 1873.

Malgré les nombreuses et incessantes occupations que lui occasionnait son emploi, le jeune chef de bureau des imprimés trouvait encore assez de temps pour se livrer à son goût favori, la littérature. Voici la liste à peu près complète des ouvrages qu'il a créés et dont l'ensemble dénote chez l'auteur la science d'un encyclopédiste : LA CORSE, — LES JOURNAUX, — L'INFANTERIE, — LA CAVALERIE, — L'ARTILLERIE, — LA MARINE, — NOUVEAU GUIDE DU VOYAGEUR EN ITALIE, — DICTIONNAIRE FRANÇAIS-ITALIEN, — LES PÉNALITÉS MILITAIRES, — LES CURIOSITÉS DIPLOMATIQUES, — LES REPAS CÉLÈBRES, — LES CHEVEUX, — LES SUICIDES, — LE LUXE, — LES COQUILLES TYPOGRAPHIQUES, — LES DRAPEAUX, — LES CALOMNIATEURS, — LES MONNAIES, — LES PIFFÉRARI, — LES EFFETS DE COMMERCE, — LES VOYAGES D'AUTREFOIS, — LA POSTE, — POMPEÏ ET HERCULANUM, — LA PEINTURE, — LA SCULPTURE,

La Musique, — Guide de l'Etranger dans Marseille, — Les Boissons, — Les Pierreries. — Les Métiers Connus, — Les Métiers Inconnus, — Les Parfums, — Les Modes, — Les Médecins, — Les Fêtes Populaires, — Les Superstitions, — Le Passé de l'Armée Française, — Nouveau Dictionnaire Italien-Espagnol et Espagnol-Italien, Nouvelle Grammaire Française-Italienne, — Grand Dictionnaire Italien-Français et Français-Italien, — Les Cinq Cents Francs de Joseph, comédie en un acte, — Le Serment, son Origine dans l'Antiquité, — Les Annonces, — Le Barbier du Roi, opéra-comique en un acte, dont la musique est d'un jeune compositeur marseillais, M. Guigou, et qui fut représenté, en 1875, sur la scène du Gymnase où il obtint un beau et légitime succès.

D'autres pièces de théâtre, qui avaient été présentées par Caccia, devaient être également jouées sur notre seconde scène, dans le courant de cette année, lorsque la mort, de sa main inexorable, est venue faucher une existence si bien remplie et arrêter les répétitions déjà commencées.

Je ne citerai que pour mémoire les nombreux articles politiques et les causeries diverses que le jeune écrivain a adressés à une foule de journaux de Paris, de la Province et de la Corse. *L'Echo de la Dordogne* et *l'Union Méridionale* surtout trouvèrent en Caccia un correspondant des plus zélés, des plus instructifs et des mieux renseignés. Aussi, le rédacteur en chef du journal bonapartiste de Toulouse, faisait grand cas de son correspondant Marseillais. Diverses lettres que m'écrivait à cette époque mon ami M. Etienne Vigé témoignent toutes une satisfaction très-marquée de compter au nombre de ses rédacteurs un homme de la valeur de Joseph Caccia comme écrivain érudit.

Dans les premiers mois de l'année 1874 le jeune et brillant littérateur voulut tenter du journalisme. Il prit la direction de la *Marotte*, feuille littéraire et hebdomadaire, dont il changea bientôt le titre pour celui du *Petit Figaro Marseillais*.

Nous collaborions sous le pseudonyme de Raoul de Dray à cette feuille qui eut, hélas! le sort de bien des journaux depuis le 4 Septembre 1870. *Le Petit Figaro* vécut, comme son titre l'indique, petitement mais avec infiniment d'esprit; puis il disparut sans bruit. Ses bénéfices ne furent pas lourds, et on peut dire hautement à la louange de son rédacteur en chef, qu'en se retirant de l'arène, il ne lésa les intérêts de personne. Aussi, le jour où les presses du journal s'arrêtèrent, Caccia pouvait s'écrier comme le noble vaincu de Pavie : « *Tout est perdu fors l'honneur!* »

Le dernier numéro qui parut fut celui du 15 Novembre 1874, jour de la fête de l'Impératrice Eugénie. Il portait à Sa Majesté une adresse ainsi conçue :

« Madame,

« A l'occasion d'une date qui nous est chère, nous adressons notre humble hommage à Votre Majesté.

« Groupés par l'initiative de notre rédacteur en chef pour collaborer au *Petit Figaro Marseillais*, le seul journal de cette ville qui garde précieusement le culte des gloires impériales dans le passé et l'avenir, nous avons l'honneur de vous faire parvenir le numéro de ce jour qui est celui de votre fête.

« Bien que nous ne soyons pas autorisés dans cette publication littéraire à reproduire complétement nos pensées et que nous ne puissions guère nous exprimer que par allusion, nous osons espérer que ce témoignage de notre souvenir et de notre dévouement vous sera agréable.

« Nous sommes avec le plus profond respect.

« Madame,
« de Votre Majesté,

« Les très-humbles serviteurs et fidèles sujets :

« Pierre Aubert, Volcy Boze, Joseph Caccia, Daime, J. Fouque, Auguste Gaudin, E. Gros, Latour de Bonafos, Jogand, A. Mouton, J. Venelle, gérant. »

En réponse à cette adresse, notre cher rédacteur en chef reçut la lettre suivante que nous sommes heureux de pouvoir transcrire.

Paris, le 5 Décembre 1874.

« Monsieur,

« La lettre que vous avez adressée à l'Impératrice, à l'occasion du 15 Novembre, est parvenue à Sa Majesté qui a été très-touchée des sentiments de dévouement et de fidélité que vous y exprimez, tant en votre nom qu'en celui des membres signataires de la lettre.

« Je vous prie de vouloir bien transmettre les remerciements de Sa Majesté à ceux qui se sont joints à vous dans cette circonstance, et je suis heureux d'avoir à m'acquitter de cette mission auprès de vous.

« Recevez, Monsieur, l'assurance de mes sentiments distingués.

« Eugène Rouher. »

Depuis sa sortie du Ministère de l'Intérieur une sorte de marasme s'était emparé de l'esprit de notre jeune ami. Le chagrin de voir son excellente mère éloignée de sa famille augmentait de jour en jour chez lui et minait sourdement sa santé. Malgré une lutte opiniâtre, malgré une énergique volonté au-dessus de tout éloge, sa robuste nature périclita et force fut à ce noble et grand cœur de prendre le lit.

Dans le courant du mois d'Octobre nous publiâmes une brochure ayant pour titre : « INAUGURATION DU CHEMIN DE FER DU PAS-DES-LANCIERS A MARTIGUES » dans laquelle était une longue lettre adressée de cette ville à ce cher ami.

Voici la réponse que nous reçûmes de lui à ce sujet :

Marseille, le 20 Octobre 1875.

« Mon cher Boze,

« Je suis toujours tellement malade, que c'est ma mère qui prend la plume pour moi. Je tiens à vous remercier de la brochure que vous m'avez envoyée et d'y avoir fait figurer mon nom en m'appelant votre ami, ce qui est un grand honneur pour moi. Qui sait lorsque je pourrai avoir le plaisir de vous revoir ? à en croire les médecins ce sera encore long.

« Ma mère se rappelle à votre bon souvenir.

« Recevez, mon cher ami, tous mes sentiments d'une amitié inaltérable.

« J. CACCIA. »

Excellent garçon ! pendant sa longue et cruelle agonie, pas une plainte, pas une récrimination ne sortit de la bouche de ce vaillant martyr du dévouement et de la fidélité.

Sa préoccupation était de se voir mourir à la fleur de l'âge.

Un jour que la tristesse s'était plus fortement emparée de son âme, et comme pressentant sa fin prochaine, il nous dit : « Mon cher Boze, le seul regret que j'éprouve en quittant ce monde et la meilleure des mères, c'est celui de ne pas voir tomber de mon vivant cette ignoble république, de ne pas être assez heureux pour revoir, une fois encore, nos chers et bien aimés Exilés de Chislehurst sur le trône de France. Vous qui avez une santé de fer, plus heureux que moi vous reverrez un jour ces chères Aigles planant au-dessus de nos clochers et des hampes de nos drapeaux. »

Hélas ! notre pauvre ami ne disait que trop vrai en ce qui le concernait ; mais quant à nous, qui sait quel sort nous réserve Dieu dans l'avenir ? A voir la tournure que prend la marche politique de notre malheureuse Patrie, il est impossible aux esprits même les plus sagaces de se faire une idée du but où nos gouvernants d'aujourd'hui veulent nous conduire.

Et cet excellent Caccia, dont la foi robuste croyait, et cela avec juste raison, que Dieu lui permettrait de voir son rêve s'accomplir, de saluer Napoléon IV dans un jour prochain, avec quelle amère douleur n'a-t-il pas dû quitter sitôt cette terre pleine de décevantes espérances et de fausses illusions où tant d'affections et de liens le retenaient ?

Le 30 Janvier, dans la journée, la fatale nouvelle nous fut annoncée par cette lettre de part :

« Madame la comtesse Caccia a la douleur de vous faire part de la perte cruelle qu'elle vient d'éprouver en la personne de Monsieur le comte Joseph Caccia, son fils, décédé à Marseille, le 30 Janvier 1876, dans sa 33me année, muni des Sacrements de l'Eglise. Vous êtes prié d'assister à son convoi funèbre qui aura lieu le mardi 1er Février 1876, à 9 heures du matin, rue Montaux, 48. Un De Profundis S. V. P. pour le repos de son âme. On ne reçoit personne. »

Nous nous rendîmes immédiatement à la maison mortuaire.

Caccia était étendu sur son lit de douleur, le crucifix entre les mains.

Nous lui jetâmes quelques gouttes d'eau bénite.

Bon et excellent garçon, te voilà mort, et on t'enterre demain. Brave et digne ami c'était bien la peine de tant travailler, avec tant de zèle et de persévérance, et de soin, et de respect de toi-même et des autres ! la mort est venue toucher du doigt ce front qui pensait si bien, et te voilà froid, couché pour jamais dans ton dernier sommeil.

Oh ! la vie.... la vie nous vient du bon Dieu , et Dieu nous la retire lorsqu'il lui plaît !....

En effet, quel est celui d'entre nous, qui depuis cet infâme guet-apens du 4 Septembre ne s'est pas bercé d'illusions et d'espérances, lorsqu'on nous faisait entrevoir le retour prochain, probable, assuré même du grand Exilé de Chislehurst ? Qui de nous, depuis la mort de notre regretté Souverain n'a pas cru possible l'arrivée en France de ce noble Prince Impérial que naguère tout Paris saluait de ses nombreux vivats ? Et cependant, voilà bientôt six ans que nous attendons dans le calme et la résignation ce moment si désiré. Chaque jour nos regards sont tournés vers ce village hospitalier de la vieille Angleterre, et chaque jour aussi nous cherchons à distinguer à travers l'avenir un second retour de l'Ile d'Elbe. Hélas ! beaucoup d'entre nous, à l'exemple de ce pauvre Caccia, disparaissent peu à peu dans la tombe, emportant avec eux le regret de ne pas avoir vu leur rêve s'accomplir.

Pauvre Joseph ! non, Dieu n'a pas voulu, comme à tant d'autres impérialistes, te donner, avant de quitter cette terre de douleurs, la suprême consolation de saluer ton jeune Empereur. Oui, Dieu, ce grand dispensateur de toutes choses ici-bas, t'a appelé trop tôt vers lui, te ravissant à la fois à la tendresse d'une noble et sainte mère, à la sincère amitié de celui qui écrit ces pages, à l'affection réelle et méritée de tes nombreux amis.

Tu as souffert pour l'Empire, et ta dernière pensée a été pour l'Empire et Napoléon IV. Dieu qui connaît et apprécie toutes les douleurs, saura te récompenser là-haut pour ton dévouement à une grande cause et pour ta fidélité à une illustre et glorieuse famille.

Marseille, le 3 Février 1876.

Volcy Boze »

FIN

www.ingramcontent.com/pod-product-compliance
Lightning Source LLC
Chambersburg PA
CBHW060514050426

42451CB00009B/985